MARCHA PARA ZENTURO

MARCHA PARA ZENTURO

GRACE PASSÔ

MARCHA PARA ZENTURO

Para um mundo doente por Grace Passô	9
MARCHA PARA ZENTURO	13
SOBRE O ESPETÁCULO	
A teatralidade e seu duplo por Valmir Santos	94
Marcha para Zenturo por Grupo XIX de Teatro	100
Pequeno monólogo interior por Gustavo Bones	106
BIOGRAFIAS	
Grace Passô	112
espanca!	113

Para um mundo doente
Por Grace Passô

O texto que você lerá aqui nasceu do encontro entre dois grupos teatrais: espanca! e Grupo XIX de Teatro. Eu, que integro o primeiro, escrevi o texto a partir do amplo processo criativo que se deu nesse encontro. Partimos do tema "futuro" e mergulhamos em improvisações que descortinassem as formas possíveis de tratá-lo. Numa dessas improvisações, o ex-escoteiro Luiz Fernando Marques propôs um jogo em que as reações sofriam um estranho retardo, nas falas e nos gestos, e essa dinâmica vertiginosa criou o chão desse tempo inexistente. No futuro, no entanto, quando terminar de ler este livro, você verá que essa peça não trata de um tempo por vir e sim do tempo em que vivemos, que, de tão veloz, pode se atrasar para o dia anterior. Corra enquanto é tempo — anda, vira a página — e descubra a doença de que o texto fala minutos depois de terminar este livro. Antes, porém, aqui vai um lema dramatúrgico: sempre alerta!

Marcha para Zenturo foi elaborada no processo de criação do grupo espanca! e Grupo XIX de Teatro: Grace Passô, Gustavo Bones, Janaína Leite, Juliana Sanches, Marcelo Castro, Paulo Celestino, Rodolfo Amorim, Ronaldo Serruya, Luiz Fernando Marques. A peça estreou no dia 16 de julho de 2010, no ginásio do SESC São José do Rio Preto, São Paulo.

Concepção: GRUPO XIX DE TEATRO e ESPANCA!
Direção: LUIZ FERNANDO MARQUES
Dramaturgia: GRACE PASSÔ
Elenco: GRACE PASSÔ (Nina), GUSTAVO BONES (Gordo), JANAÍNA LEITE (Noema), JULIANA SANCHES (Lóri), MARCELO CASTRO (Patalá), PAULO CELESTINO (Bóris), RODOLFO AMORIM (Marco) e RONALDO SERRUYA (Konstantin)
Iluminação: GUILHERME BONFANTI
Projeto Audiovisual: PABLO LOBATO
Treinamento de View Points: MIRIAM RINALDI
Oficina de Interpretação: ANA LÚCIA TORRE
Cenário: LUIZ FERNANDO MARQUES, MARCELO CASTRO, PAULO CELESTINO e RODOLFO AMORIM
Figurino: GUSTAVO BONES, JANAÍNA LEITE, JULIANA SANCHES e RONALDO SERRUYA
Trilha Sonora: LUIZ FERNANDO MARQUES
Técnicos e Operadores de Luz: AMANDA MAGRINI e EDIMAR PINTO
Assistente de Ensaios: THIAGO WIESER
Produção: ALINE VILA REAL (espanca!) e GRAZIELA MANTOVANI (Grupo XIX de Teatro)

personagens:
NOEMA, grávida;
PATALÁ, com uma máquina de fotografar;
GORDO, ou Cristiano;
LÓRI;
MARCO, com uma espingarda;
BÓRIS (o mesmo que faz o personagem A);
KONSTANTIN (o mesmo que faz o personagem B);
NINA (a mesma que faz o personagem C).

Casa de Noema. Os personagens nunca se tocam.

Os inseparáveis Marco, Lóri, Noema, Gordo e Patalá estudaram juntos: amigos que compartilharam primaveras, verões, outonos e invernos, num período em que a vida era ainda uma promessa. Mas apesar das juras de que todo ano passariam juntos o carnaval, o aniversário de formandos, o Cabidel, o réveillon e outras festas, apesar disso, eles não se veem há muito tempo.

No passado, Marco foi apaixonante. Era de sua boca que nasciam as melhores respostas, era ele quem bancava discussões com a diretoria, foi ele quem levou os amigos para uma seita que idealizava a inacreditável possibilidade de o ser humano pensar, por um minuto, em uma coisa apenas. Morava nele a esperança de um futuro próspero: forte Marco. Gordo não era tão admirado, e o que quer que dissesse, mesmo que fosse algo como "Eu vou ser grande, eu vou descobrir a cura dessa doença, eu vou!", não era levado a sério, ou sequer ouvido. Lóri foi a inesquecível garota que no futuro estaria na alta-costura, pelo mundo afora. Noema e Patalá se amaram, e viveram um romance que terminou de forma abrupta quando Patalá resolveu partir para fotografar o mundo. Antes de partir, Patalá disse, em claras palavras: "Me espere, Noema, me espere."

Noema está em sua casa. Ouve baterem na porta, vai abrir e se depara com Patalá, com um presente nas mãos.

Noema: Patalá!

Pausa.

Noema: Veja só, você mudou, é um homem.

Pausa.

Noema: Te roubaram a voz, é?

Patalá: Que nada, minha cara é a mesma.

Noema: Fica à vontade.

Patalá: (*assumindo um susto, uma paralisia*) Não sei o que dizer, de repente perdi as palavras.

Noema: Puxa.

Patalá: E ele? Ele já chegou?

Silêncio.

Noema: Não, ele ainda não chegou, não.

Patalá repousa o presente que traz enquanto olha, detalhe por detalhe, o lugar em que morou um dia.

Noema: (*ao mesmo tempo que Patalá*) Lembrou o caminho?
Patalá: (*ao mesmo tempo que Noema*) Que saudade, Noema.

Silêncio. Risos.

Patalá: Ele deu certeza que viria? Vai que ele resolve não vir, né?

Silêncio.

Noema: (*como se dissesse "ao contrário de você"*) Ele tem palavra, ele vem, sim.

Patalá vai até a janela e olha a rua.

Patalá: (*ao mesmo tempo que Noema*) Tá acompanhando a passeata?
Noema: (*ao mesmo tempo que Patalá*) Viu a passeata?

Patalá: (*emenda*) Quando ouvi sobre essa manifestação, eu tive certeza que você ia adiar a festa pra aderir, é a sua cara ir pras ruas num dia como hoje.

Noema: A passeata tá enorme lá fora, né?

Patalá: Claro.

Noema: Não dava pra adiar essa festa. A gente deve isso a ele.

Toca o telefone.

Patalá: (*bruscamente, apaixonadamente*) Não foge de mim, por favor.

Noema: Tá ouvindo o telefone?

Patalá: (*romanticamente, cantarolando a melodia do telefone*) É o mesmo toque, né?

Silêncio.

Noema: Eu tenho que atender.

Noema se distancia de Patalá. Atende o telefone.

Noema: (*ao telefone*) Alô. Lóri, querida! Vinho? Não, não precisa, aqui já tem muita bebida, não se preocupa. Tudo bem, tô te esperando, até. (*lembrando-se repentinamente*) Espera! Alô! Escuta, eu esqueci de comprar gelo, Lóri, será que você pode trazer? (*ouve*) Tá bom, ficamos assim, então. Até mais. (*desliga o telefone e diz para si*) Como fui me esquecer do gelo, que tonta!

Patalá: Era a Lóri? Nossa, como deve estar nossa estilista? Tô doido pra ver nossa estilista.

Risos.

Noema: A Lóri disse: (*imitando*) Noema, eu não sei se encontro lugar de comprar gelo agora, mas se não encontrar, pode deixar que eu mesma ligo pros outros comprarem no caminho, viu Nô, viu Nô, viu Nô! (*ri*)

Os risos se encontram. Noema vai organizar algo na casa.

Noema: E então... continua em busca de suas fotos...

Patalá: Por que será que ele caiu nessa, hein? Por que ele não se protegeu, tanta campanha pras pessoas se protegerem, tanta forma das pessoas se cuidarem...

Noema: (*continuando*) ...em busca de captar o instante?

Patalá: (*aproximando-se*) Tomara que ele venha. Ele sabe que não moro mais aqui?

Noema: É, eu também não entendo por que ele não se protegeu.

Patalá: Você continua tão bonita...

Noema: Como assim, Patalá?

Patalá: Vem cá, não foge de mim...

Batem na porta.

Noema: Respeita meu tempo. Eu não consigo fingir que nada aconteceu. Ou você acha que devemos fingir que nada aconteceu? É isso que você acha? Dá pra pisar no mundo, nas pessoas é mais difícil, Patalá.

Noema ouve a porta.

Patalá: Que é, Noema?

Noema abre a porta.

Noema: (*saúda o amigo efusivamente*) Gordo!

Patalá: (*ainda para Noema*) Por que você disse "Como assim, Patalá"?

Gordo: (*entrando nervoso, comenta sobre a passeata*) Credo, gente.

Noema: Se eu te visse na rua, não te reconheceria!

Patalá: (*ainda sobre o que conversavam*) Hein, Noema, tô te perguntando!

Gordo: (*indignado*) Vocês viram a passeata na rua?

Noema: (*para Gordo*) O que foi, aconteceu alguma coisa?

Patalá: (*os amigos não se veem há anos!*) Gordo, não vai nos dar um olá?

Gordo: (*indignado*) Vê se hoje é dia disso? Não, hoje não é dia disso!

Noema: (*enche-lhe os olhos ver a massa*) Que pergunta, Gordo, é claro que vimos a passeata, tudo isso é por Zenturo. (*grita na janela*) Por Zenturo!

Gordo: (*vê o amigo*) Desculpa gente, essa confusão me deu nos nervos. Patalá, não é que você deu um jeito de virar homem!

Patalá: (*grita na janela*) Por Zenturo!

Noema: Não tem dia pra isso, Gordo, essa passeata é por Zenturo!

Gordo: (*como uma saudação*) E não é que a senhorita continua com essa cintura? (*como se caísse a ficha por estarem justamente os dois ali*) Espera, vocês moram juntos aqui? Vocês ainda estão juntos? (*brinca*) Noema, você fez a loucura de se juntar de vez ao mocinho?

Patalá tira uma foto.

Patalá: (*irônico*) "Deu um jeito de virar homem?" Você disse "deu um jeito", Gordo?

Noema: (*constrangida*) Não, nós não ficamos juntos, pensei que você tivesse ficado sabendo da viagem de Patalá.

Gordo: (*olhando a casa de Noema*) Aliás, diferente aqui, muito diferente, uma construção antiga.

Patalá: (*irônico*) Nossa, você andou bebendo o quê? Que maneira gentil de saudar um amigo, Gordo!

Noema: Não vai reclamar do meu prédio também, vai, Gordo?

Batem na porta.

Gordo: (*irônico, para Patalá*) Não andei bebendo nada, e você, continua tomando o leitinho da vovó?

Patalá: (*sobre a casa*) É elegante, a casa de Noema.

Patalá tira uma foto.

Gordo: Ele já não devia ter chegado? Afinal de contas, ele vem ou não vem? Só falta vocês me dizerem que organizamos uma festa pra ele, e ele não vem.

Noema: Calma, Gordo, você não veio pra uma guerra, você veio pra uma festa!

Noema abre a porta. Lóri está lá, cheia de presentes.

Patalá: É verdade, será mesmo que ele vem?

Lóri: FELIZ ANO NOVO!

Gordo: (*sem graça*) Calma, gente, vocês se zangaram porque perguntei se os dois ficaram juntos?

Noema, **Patalá** e **Gordo**: Feliz ano novo!

Noema: É claro que ele vem, ele sabe que estamos esperando por ele!

Patalá: (*para Noema, segredando sobre Gordo*) Todo mundo soube que não ficamos juntos, ele só pode ter perguntado pra nos cutucar.

Gordo: (*sobre Lóri*) Olha ela aí!

Lóri: (*indo até a janela*) Gente, cheguei muito atrasada, ele já chegou? É que tá uma confusão dos diabos lá embaixo, daqui deu pra ver o acidente?

Noema: (*alegria de ver a amiga*) Lóri! É mesmo você?

Patalá: Nossa estilista!

Patalá tira uma foto.

Gordo: Não, não é acidente, é a passeata, Lóri.

Lóri: (*repousando os presentes*) Noema, e você, eu não acredito que estou te vendo, olha a cor do cabelo, o tamanho, não mudou o tamanho, a cor dos olhos, não mudou a cor dos olhos, a cintura, que alegria te ver, Nô. (*com os presentes nas mãos*) Onde é que eu deixo isso?

Patalá: (*na janela*) Não, não é acidente, é a passeata por Zenturo.

Noema: (*para Lóri*) Pode deixar aí.

Patalá tira uma foto da passeata.

Lóri: Houve um acidente na passeata, vocês não viram?

Patalá: Incrível, eles estão prometendo fazer trinta segundos de silêncio na hora da virada.

Gordo: Acidente?

Todos vão para a janela.

Noema: Nossa!

Gordo: Trinta segundos de silêncio na hora da virada? Mas é a hora mais importante da festa, trinta segundos de silêncio seria uma eternidade!

Lóri: Foi quase impossível chegar aqui, parece que o carro queria passar, eles não estavam deixando, o motorista se zangou, disse que ia passar por cima, eles começaram a gritar "Zenturo!", mas ele passou assim mesmo. Tenho medo que isso vire baderna, vocês não acham que isso pode virar uma baderna?

Patalá: Ei, aquilo é fogo?

Gordo: (*como algo arcaico*) Tá parecendo imagem de final da Copa do Mundo.

Noema: Tem uma mulher no chão, é isso? Tem uma mulher no chão e não chega um socorro. O que eles estão esperando?

Lóri: Sim, olha lá, é fogo mesmo.

Patalá: Parece aqueles vídeos dos ataques do 11 de

Setembro, isso sim.

Gordo: Se não chega ninguém, eu vou até lá.

Lóri: Mas esse fogo vai se alastrar!

Noema: 11 de Setembro, que exagero, como assim, Patalá?

Gordo: (*saindo da casa*) Eu vou até lá.

Lóri: Esse fogo vai se alastrar e ainda é perigoso atingir alguém. Não, porque se nenhum veículo consegue atravessar essa passeata, por boa vontade própria esse fogo não vai apagar!

Noema: (*sobre Gordo, ao mesmo tempo que Lóri*) Onde ele está indo?
Lóri: (*ao mesmo tempo que Noema*) Gordo!

Pausa.

Patalá: (*tirando satisfações*) Noema?

Lóri: Por que ele acha que vai ajudar a mulher desmaiada? O Gordo é um advogado e não um bombeiro!

Noema: Por que ele não ligou para o socorro?

Patalá: (*incomodado*) Por que aquela hora você me disse "Como assim, Patalá", hein, Noema?

Batem na porta.

Lóri: Também não entendi o porquê, o Gordo é atrapalhado.

Noema: (*achando óbvio*) Era só ligar pro socorro daqui, a ligação daqui tá tão rápida!

Noema abre a porta. Gordo está lá.

Patalá: Hein, Noema...

Lóri: 141, era só ligar 141! Não me levem a mal, não sei por que estou falando isso agora, mas me veio a lembrança de quando o Gordo fez xixi na calça porque estava com medo de pular o plinto, vocês se lembram disso?

Noema: Gordo!

Gordo: (*entrando, nervoso*) Credo, gente.

Noema e Patalá riem de quando Gordo fez xixi.

Gordo: (*fulo da vida!*) Essa passeata é uma merda!

Lóri: O que foi, aconteceu alguma coisa, Gordo?

Noema ri de quando Gordo fez xixi.

Patalá: Noema, te perguntei por que você disse "Como assim, Patalá?".

Gordo: Vê se hoje é dia disso. Não, HOJE NÃO É DIA DISSO!

Lóri: (*com vontade de rir*) Gente, para de rir, não tá vendo que ele está zangado, você está zangado, Gordo?

Noema: (*Noema já tinha se esquecido do que disse*) Eu não me lembro, eu disse "Como assim, Patalá?".

Patalá: Não tem dia pra isso, Gordo, essa passeata é por Zenturo!

Gordo: (*zangado*) Não consegui passar nem da portaria do prédio!

Lóri: (*para Noema*) Ô desmemoriada, é que ele disse que a passeata tava parecendo um vídeo do 11 de Setembro e você respondeu "Como assim, Patalá?", lembra?

Noema: (*engajada*) Ou você acha que devemos fingir que nada está acontecendo? É isso que você acha, Gordo?

Patalá: (*para Gordo*) Se não conseguiu passar nem da portaria do prédio, quer dizer que a passeata tá crescendo.

Gordo: (*fulo, como algo arcaico*) Tá parecendo a época dos vikings!

Lóri: Não devemos fingir que nada aconteceu, mas

sabe, às vezes eu acho que essas pessoas são contratadas. Vocês já ouviram falar das empresas que contratam pessoas para fingirem fazer passeata, mas na verdade estão fazendo propaganda de seus produtos? Vê, todas as pessoas lá embaixo estão com tênis Piquetone, isso não é coincidência demais?

Noema: (*engajada*) Pois que tapem as entradas dos prédios, que tapem!

Patalá: (*defendendo a passeata*) Mas antes os vikings, antes eles!

Gordo: (*fulo!*) Não vamos fingir que nada aconteceu, mas também não vamos deixar morrer mais gente, ou vamos?

Toca o telefone.

Lóri: Ai, ai, ai, se taparam a entrada do prédio, daqui a pouco a polícia vai aparecer!

Noema: (*engajada*) Sim, pelo menos os vikings eram menos covardes.

Patalá: (*fulo, reagindo a Gordo*) Como assim, Gordo, você está contra a passeata?

Gordo: (*fulo!*) Qualquer um tem o direito de sair do seu prédio, qualquer um!

Lóri: Olha, eu entendo esses lados positivos, mas que os vikings eram violentos, isso eram, eles invadiam as cidades e matavam muita gente.

Noema: (*achando absurdo*) Eu não acredito que você está contra, Gordo, você está contra?

Ouvem o telefone tocar.

Patalá: (*fulo, reagindo a Gordo*) Qualquer um tem o direito de se manifestar pelo que acredita, qualquer um!

Gordo: (*estoura*) Pois eu estou, sim, contra a passeata por Zenturo.

Lóri: (*acalmando os ânimos*) Calma, gente, nós estamos aqui hoje para ajudar o Marco. Essa é uma reunião para a paz. Estamos aqui para ajudar um amigo doente, não estamos numa assembleia.

Noema: (*ao telefone*) Alô! Marco?

Patalá: (*pensa que, no passado, estariam na passeata e não na festa*) Realmente, nós mudamos muito.

Gordo: (*poxa, não se veem há muito!*) Desculpem. Sinceramente, me desculpem.

Todos: (*para Noema*) É ele!?

Lóri: (*emenda*) Se certifica se ele está vindo mesmo...

Noema: (*ao telefone*) ...isso, agora você vira à esquerda e pega a avenida Silvio Berlusconi...

Patalá: (*apenas uma certificação*) Ela disse "Marco", não disse?

Gordo: Será que ele está ligando pra dizer que não vem? Ele tem que vir!

Noema: (*ao telefone*) Estamos te esperando! Vieram sim... Patalá também veio, estamos todos aqui, esperando por você. Não vemos a hora de te ver, até! (*desliga e diz aos amigos*) Era Marco.

Lóri: (*para Noema*) A Silvio está congestionada, diga para ele vir pelo viaduto George Walker Bush!

Patalá: Ele vem, sim. Marco tem palavra.

Todos: O que ele disse?

Lóri: Devia ter dito que o Bush sempre está vazio, é uma beleza.

Gordo: Ele pode ter desistido por causa da confusão na rua!

Noema: Ele estava perdido, mas já está a caminho.

Patalá: Não sei o que é, mas não gosto de falar no telefone...

Todos: (*comemorando*) Ele vem, ele vem!

Gordo: (*preocupado*) Noema, e a voz dele, a voz dele parecia alterada?

Lóri: Eu tenho uma surpresa: presentes para todos!

Patalá: (*mirando sua máquina fotográfica*) Não se mexam!

Noema: (*para Gordo*) A voz dele estava embargada, não sei se estou exagerando, mas a voz dele parecia embargada.

Todos: (*comemorando*) Presentes!

Patalá: (*preparando-se para fotografar*) Atenção, presente merece foto!

Gordo: (*para Noema*) Mas ele articulava as palavras com alguma dificuldade?

Congelam para a foto.

Lóri: São presentes simplesinhos, mas são de coração.

Patalá: Olha o passarinho!

Patalá tira a foto, mas a máquina não funciona.

Gordo: Gente, eu também trouxe um presente pra nossa festa, mas o meu é surpresa pra daqui a pouco.

Noema: Marco me preocupa.

Todos: (*sobre a fotografia*) O que foi? Não deu? A máquina deu problema?

Lóri: (*distribuindo presentes*) Este é para o Gordo, este é de Patalá, é de montar! Este é para Marco, são sementes pra ele injetar em casa, as flores fazem bem aos doentes. (*separa o presente*) E este, este é pra você, Noema.

Patalá: (*sobre a máquina que não funciona*) Que coisa, não sei o que deu...

Noema: Marco parecia com voz de choro, estava com voz de choro. E vocês não imaginam o que ele me disse mais: ele disse que... (*suspense*) ...ele disse que está vindo a pé.

Patalá: (*abrindo o presente*) Lóri, um Mesa Girante! Gente, a Lóri me deu um Mesa Girante de presente!

Gordo: (*abrindo o presente*) Obrigado, Lóri... um bolso!

Todos: (*assustados*) A pé? Marco está vindo a pé?

Murmúrios de Patalá sobre sua máquina.

Noema: (*abrindo o presente*) Nossa, é uma cruz.

Lóri: (*para todos*) Vocês precisam ver o de Noema,

comprei num antiquário, é de enfeitar a casa.

Gordo: Não acho um bom sintoma, ele querer vir a pé.

Murmúrios de Patalá sobre sua máquina.

Gordo: (*com a cruz nas mãos*) É um homem. Um homem cheio de sangue e feridas na pele.

Lóri: Será que Marco tá bem, gente? Às vezes eu penso que Marco podia ter se protegido. Como alguém como Marco pôde se descuidar desse jeito!?

Murmúrios de Patalá sobre sua máquina.

Noema: É Cristo Jesus.

Gordo: Cada vez mais aparecem casos como o de Marco em meu consultório.

Patalá: Cristo? Quem é mesmo Cristo?

Lóri: Você tem um consultório, Gordo?

Patalá: (*para si, esforçando-se para lembrar*) Cristo...

Noema: (*para Patalá*) Quando nós dizemos 2 d.C., por exemplo, isso quer dizer 2 anos "depois de Cristo", é uma menção a esse homem, entendeu?

Lóri: Mas você é um advogado, Gordo. Por que você tem um consultório?

Patalá: Ah, sim, é verdade, minha bisavó, quando acontecia alguma coisa estranha, ela dizia: "Jesus Cristo!"

Gordo: (*para Lóri*) Você não sabia que eu me formei como médico e advogado? Eu tenho um consultório porque sou médico e advogado, ora.

Noema: (*pendurando a cruz na parede*) De fato, essa parte da história não é minha especialidade. Dizem que é bonita sua história, tão bonita que as pessoas sentiam culpa por não acreditarem. Mas religiões foram criadas com sua mitologia e todo um comércio se organizou em torno disso. Foram séculos e séculos de ilusão do mundo, séculos e séculos de espera. (*pendura a cruz de lado*) Porque no passado, é inacreditável, mas no passado os homens acreditavam que alguém iria vir para salvá-los.

Batem na porta.

Lóri: Gente, se o Gordo é médico, quem sabe não vai ajudar Marco.

Patalá: Os homens e suas imaginações!

Ouvem a porta. Marco é o único que falta para chegar. Preparam-se: afinal, essa festa é para ele. Noema abre a porta. É Marco quem está lá, com uma arma nas costas: vara de pescar do ano de 2441.

Noema: Será que ele está bem?

Marco: (*rindo*) FELIZ 2441!

Noema: Tomara que ele tenha conseguido atravessar a passeata.

Gordo: Gente, uma pessoa que anda a pé no mínimo não está com um bom diagnóstico.

Patalá bate foto.

Todos: FELIZ 2441!

Gordo: Tá rindo de quê?

Noema: Seja bem-vindo, Marco!

Lóri: Você veio mesmo a pé?

Marco: (*rindo*) O policial foi arrancar o spray da mulher no chão, mas quando se abaixou, a calça rasgou, foi patético!

Patalá: Marco, eu nem acredito que está aqui, não vai nos dar um olá?

Marco: Eu vim a pé, não sei o que me deu, pensei que deveria andar mais a pé, e vim andando.

Marco repara na casa. Risos de todos. Marco percebe que estão rindo da piada que para ele já era passado.

Noema: Marco!

Gordo: Andando... Quer dizer que você veio andando...

Eles observam Marco.

Marco: Escuta, não se bebe nada nessa casa?

Gordo: (*sussurrando*) Fisicamente ele parece bem.

Lóri: (*sussurrando*) Ele parece bem fisicamente.

Todos: Claro, bebamos!

Marco: (*reparando na casa de Noema*) Diferente, muito diferente essa casa.

Noema: (*aliviada, sussurra para Lóri*) Sim, Marco parece bem.

Lóri: (*aliviada, sussurra com Patalá*) Ufa, Marco continua animado!

Marco: (*olha para todos*) Vocês estão ótimos: Gordo, se eu te visse na rua não te reconheceria... Lóri, Patalá! Noema, eu não acredito que estou te vendo, (*notando algo diferente nela*) como você está diferente, Noema... você tá muito diferente, você... (*passa pela sua cabeça que ela parece grávida*) ...não, não, eu estou vendo coisa.

Noema: E você, Marco?

Lóri: Você parece bem, que bom te ver assim.

Patalá: Nos fale de você...

Gordo: E como você se sente, Marco?

Marco: Eu estou bem. Às vezes um pouco frágil, mas tudo é tão frágil mesmo, não é... (*olha os amigos*) Eu estou feliz de estar aqui com vocês. É engraçado: é como estar no passado, num passado menos inocente. É como estar no passado, depois de muitos anos!

Marco ri, num ataque histérico.

Noema: (*tentando mudar o clima*) Bien mes amis, o que nós vamos beber?

Patalá: (*tentando mudar o clima*) Não seria bom bebermos algo?

Lóri: (*tentando mudar o clima*) É... vamos beber alguma coisa, gente... Você pode beber, Marco?

Marco: (*tentando parecer normal*) Gente, nós temos que beber Maraca! Ano novo sem Maraca não é ano novo!

Gordo: Bem, agora que Marco chegou eu já posso falar: Patalá, Noema, Lóri e Marco, nosso querido Marco, eu encomendei um presente pra nossa festa, esse eu duvido que vão adivinhar.

Patalá tira uma foto.

Patalá: Marco, você acredita que eu sou fotógrafo? Essa vida é muito louca!

Lóri: Não me levem a mal, mas eu prefiro beber vinho, eu ainda não troquei o fígado e a Maraca não me faz bem.

Noema: Gente, vocês lembram quando o Gordo contratou um monte de stripper pra um réveillon que a gente passou na casa dele?

Gordo: (*ao telefone*) Alô, escuta, está quase na hora da virada, e eu contratei o serviço de vocês... (*cai a ligação*) Merda!

Marco: (*brincadeira de amigo*) Meu amigo Patalá, fotógrafo! Então você deu um jeito de virar homem!

Lóri: Eu lembro de um feriado em que o Gordo contratou um time de baseball só pra gente assistir, vocês lembram?

Gordo: (*ao telefone*) Alô, escuta, está quase na hora da virada, e eu contratei o serviço de vocês... (*cai a ligação*) Merda!

Noema: Afinal, beberemos vinho ou Maraca?

Patalá: Ah não, Marco, "deu um jeito de virar homem", você disse "deu um jeito"?

Lóri: E teve um aniversário do Patalá em que o Gordo

contratou um desfile de pôneis pra festa dele, foi lindo...

Gordo: (*ao telefone*) Alô, escuta, está quase na hora da virada, e eu contratei o serviço de vocês... (*cai a ligação*) Merda!

Patalá: Eu voto na Maraca!

Gordo: Marco, por acaso você viu uma mulher desmaiada lá embaixo? Tinha uma mulher desmaiada lá embaixo, na passeata.

Noema: Diz logo, Gordo, o que você está chamando pra nossa festa desta vez!

Todos: (*com exceção de Lóri*) Claro, Maraca, eu também voto na Maraca!

Marco: Parece que um fogo se alastrou e incendiou essa mulher.

Lóri: Tudo bem, por uma questão de companheirismo, hoje eu vou beber Maraca.

Todos: Incendiou a mulher?

Todos vão ver a mulher incendiada.

Patalá: Você está dizendo que o fogo incendiou a mulher desmaiada?

Noema: É por isso que eu estava sentindo um calor terrível, acima de 24 graus!

Gordo: (*estoura!*) Eu disse que esse fogo ia se alastrar!

Marco: Foi quase impossível chegar aqui, parece que os bombeiros tentaram passar mas não estavam conseguindo, o motorista se zangou, disse que ia passar por cima, eles começaram a gritar "Zenturo!", mas enquanto isso o fogo se alastrou e atingiu a mulher desmaiada.

Patalá: (*olhando a passeata*) O que é aquilo? Parece que estão arremessando alguma coisa!

Noema: Nossa!

Gordo: Credo, gente.

Lóri: (*emenda*) Eu disse!

Marco: Eles estão arremessando tênis nos policiais.

Gordo: Marco, você não viu, mas eu tentei ir até lá para socorrer a mulher no chão!

Marco: Por Zenturo!

Lóri: Eu disse também, eu disse que isso estava estranho, vê só, todos os tênis são da marca Piquetone!

Gordo: Mas eu não consegui passar nem da portaria do prédio, Marco!

Noema: Que cheiro de querosene, fogo tem cheiro de querosene, querosene dá uma vontade de beber, não é?

Marco repara em Noema.

Patalá: Não, não é tênis. (*confundindo-se*) É mesmo tênis o que estão arremessando?

Gordo: Eu devia ter conseguido ir até lá.

Silêncio.

Noema: (*distribuindo a bebida*) *Voilà*, eis a Maraca!

Marco: (*como quem pergunta algo muito importante*) Noema...

Lóri: Marco! Trouxe um presente pra você!

Gordo: Pessoal, vocês estão sabendo da Cecília Durango?

Todos: Oba! Maraca!

Gordo: (*continuando*) ...a Cecília está em todas as capas dos CPFs, está fazendo muito sucesso na moda.

Patalá: Você não me sirva muita Maraca, Noema,

porque estou de sobreaviso, a qualquer hora um cliente pode me chamar.

Marco: (*abrindo o presente*) Lóri!... Sementes! Você acertou, há pouco tempo comprei uma bela horta. Agora que eu sou um pescador, eu passo quase todo o dia ao lado de uma porção de... (*é cortado*)

Noema: (*repentinamente*) Ah! Eu fui à formatura da Mercês De La Costa!

Patalá: Réveillon passado eu também estava de sobreaviso, fui chamado pra fotografar o Niemeyer, e foi o que salvou meu ano.

Lóri: Eu achei a sua cara, Marco: são sementes de orquídeas. No caso dessa espécie, se for injetar na parede, ela demora mais para nascer, mais ou menos umas sete horas. Mas nos sofás, sabonetes, os lugares de sempre, ela nasce no tempo normal mesmo, duas horinhas.

Gordo: A Mercês se formou em quê?

Lóri: (*para Patalá*) Pois eu também não vou poder beber muito, um cliente ficou de me chamar ainda hoje pra um plantão!

Patalá: Você entende de plantas, Lóri, por que entende tanto de plantas?

Noema: A Mercês De La Costa se formou em Mãe de Santo.

Gordo: Pois eu também não posso beber muito, amanhã cedo tenho uma audiência no caso da família Rófen Záfen.

Lóri: Eu entendo de plantas porque sou uma jardineira, ora bolas!

Marco: Noema... posso te fazer uma pergunta?

Todos: Rófen Záfen?

Patalá: (*emenda*) Mas quem são mesmo os Rófen Záfen?

Todos: (*para Lóri*) Jardineira, como assim "jardineira"?

Noema: (*emenda*) Lóri, você só falava em ser estilista, pensei que tinha viajado para trabalhar como estilista!

Patalá: E a Yoko falou, falou, não é que se formou em Ama de Leite mesmo.

Marco: Noema, posso te fazer uma pergunta? Você já reparou que... (*é cortado*)

Lóri: (*disfarçando uma derrota íntima*) Viajei, mas as coisas mudam. E, além do mais, com o tempo me apaixonei pela profissão de jardinagem, foi isso. E você, Noema, não está de sobreaviso?

Noema: Quem se deu bem foi Guilhermo Albertini: está vendendo enciclopédias.

Lóri: Patalá, o caso Rófen Záfen deu até nas lentes de contato! Os Rófen Záfen saíam juntos: a mãe, o pai, a avó, a filha e o cachorro. Eles abordavam a vítima, a mãe amarrava a pessoa pra filha espancar, enquanto isso o pai ia enxugando o sangue que escorria e a avó cantava uma música sinistra. No final, eles mandavam o cachorro morder a vítima. Me desculpa, Gordo, mas eu jamais conseguiria defender os Rófen Záfen.

Noema: (*para Lóri*) Não, hoje eu não estou de sobreaviso.

Marco: Noss... (*é cortado*)

Patalá: Lóri, você acertou no meu presente, eu adoro o Mesa Girante, meu jogo predileto.

Todos: Nossa, que luxo, Noema!

Lóri: (*emenda*) Agradeça a teu eu, viu Noema, não estar de sobreaviso é um luxo!

Gordo: Gente, e meu presente que não chega, não é possível, deu tanto trabalho pra comprar, não é possível!

Marco: (*reparando nos amigos, triste*) Vocês... vocês

continuam engraçados.

Batem na porta.

Patalá: Eu nem acredito que estamos todos aqui!

Lóri: Hoje a gente não pode esquecer de mandar flores para os carros!

Gordo: Esse ano eu quero fazer todas as simpatias que eu tenho direito!

Noema: Este ano eu vou pular os sete objetos!

Gordo: (*ouvindo a porta*) Gente, o meu presente chegou. (*indo em direção à porta, e antes de abri-la*) É o meu presente pra vocês. É de todo o coração, por termos vivido tanto tempo juntos.

Gordo abre a porta e lá está o seu presente: a Companhia Brasileira de Teatro, apresentando a peça teatral Palavras de Anton.

Palavras de Anton

Entram A e B. Um dos objetos da peça é um aparelho de som. Eles esperam pela chegada de C e lhe pregam um susto. São irmãos e estão reunidos enquanto preparam o bolo de aniversário de A. Os irmãos se tocam com frequência durante o espetáculo.

B: (*continuando uma conversa*) ...você trocava o "r" pelo "l".

C: Você começava a dançar e suas fraldas caíam, era engraçado...

B: (*para A*) Você era tão engraçadinho, usava umas fraldas largas.

C: (*para A*) Você fazia caretas, o pai tinha uma brincadeira com você, você gritava e fazia caretas, todo mundo se derretia...

A: Eu ainda tenho muitas saudades do pai... Estava fazendo frio no dia em que ele morreu.

C: Nevava...

B: ...estava chovendo, eu achava que eu não ia sobreviver. (*sobre A*) Você ficou estendido aqui no chão, parecia morto. Mas olha só... (*sobre a felicidade do trio*) ...passou um ano e já estamos lembrando disso assim, com facilidade.

A: (*voltando às boas lembranças, sobre o doce*) Nossa mãe fazia isso com maestria.

C: Hum, o dela ficava magnífico.

B: (*para A*) Quando eu e sua irmã chegávamos dos estudos, sempre tinha uma bandeja esperando por nós.

C: Ah, nossa juventude!

B: Nós éramos, no mínimo, mais bonitos.

C: (*para B*) Você é um homem bonito, irmão.

B: Eu que envelheci um bocado, emagreci, decerto por causa das discussões com os alunos. Às vezes eu penso que se me casasse e passasse o dia me dedicando à minha esposa, seria melhor. (*para C*) É bom se casar, irmã?

C: (*triste*) E isso lá é pergunta que se faça... Mas eu estou bem...

A: É porque você se casou com 18 anos, quando ainda acreditava que seu marido fosse o homem mais inteligente deste mundo.

C: As crenças mudam.

B: É que isso de trabalhar todos os dias, isso de dar aulas até a noite todos os dias, faz eu me sentir envelhecendo. Hoje, por exemplo, que é o meu dia de folga, estou aqui e a cabeça não dói, estou me sentindo mais jovem que ontem. Eu só consigo pensar que nesses anos em que trabalho, cada dia mais, gota por gota, eu sinto que minha juventude vai indo embora. (*pausa*) Verdadeiramente, eu só consigo pensar em... (*é cortada*)

A: (*hesitando*) Voltar para Moscou!

C: Nós fomos felizes lá, lá nós fomos...

A: (*continuando*) Encerrar tudo aqui e ir para Moscou!

Esse assunto os anima, ficam como crianças.

C: Quando partimos, estava florido, fazia calor, havia raios de sol na cidade...

A: Que loucura, isso já faz dez anos!

B: Que partimos?

C: (*corrigindo*) Onze anos!

A: Para mim faz dez anos.

B: (*sobre C*) Acho que ela tem razão.

C: Onze anos. Eu me lembro perfeitamente, tudo estava inundado de sol... É incrível, passaram-se os anos, mas eu me recordo de tudo, tintim por tintim, como se tivéssemos deixado Moscou ontem.

B: Eu também, quando acordei hoje de manhã e vi toda esta luz, plena primavera, acho que foi por isso, eu desejei ardentemente estar na nossa cidade natal!

A: (*empolgado*) Nós temos que voltar. Vendemos essa casa, encerramos tudo aqui e vamos pra Moscou.

B: Isso mesmo, vendemos essa casa e vamos pra Moscou.

A: O destino é nosso, irmão, esse é nosso destino!

Reparam que C não se empolgou como eles. A e B a observam.

C: (*vendo a reação dos irmãos*) Não se preocupem comigo...

B: Ora, todo ano você virá nos visitar, virá passar o verão conosco.

C começa se animar.

B: Tudo vai se arranjar, gente, podem ter certeza.

A: Sim, virá nos visitar nos verões, os belos verões de Moscou, tão mais bonitos que este verão daqui... Sabe que quando acordei hoje, levantei, lavei o rosto, me pareceu que tudo nesse mundo ficou claro para mim. Só o calor do verão é capaz de nos deixar tão sedentos quanto a sede que eu tenho hoje de trabalhar. (*uma promessa, com empolgação inocente*) Se de agora em diante eu não levantar cedo e trabalhar, vocês podem me deserdar!

C: (*comenta para B, sobre A*) Nosso pai nos acostumou a levantar às sete horas. Agora ele acorda às sete horas, mas permanece na cama até as nove, pelo menos, pensando sem parar em não sei o quê (*ri*).

A: Ai, como você é...

B e C riem juntos.

C: (*para A*) É tão difícil ver que você cresceu.

B: Vocês ouviram algum barulho lá fora?

C: Não ouvi. Barulho?

A vai checar.

C: (*para B, sobre A*) Você não acha difícil ver que ele cresceu, como ele está jovem! Essa juventude... "tropeça nas pedras porque olha para as estrelas." (*repete a frase*) Por que estou repetindo isso? Desde de manhã esses versos não me saem da cabeça.

A: (*chegando, dando um susto, imitando uma saudação militar*) Sim senhor!

C: O que é isso?

A: (*como um militar*) O Comandante, senhora! O Comandante chegou.

B: Mas já?

C sai.

B: Essa amizade de nossa irmã com o Comandante está muito estranha, a cidade daqui a pouco vai começar a falar.

Pausa. Cessam a conversa.

A: Irmão...

B: O que é.

A: Tenho que procurar outro trabalho. Os Correios não têm nada do que eu queria fazer, do que eu sonhava. É um trabalho bobo, é maçante.

B: De novo essa história...

A: Só de pensar que amanhã tenho que ir aos Correios me deprime. Um trabalho maçante, numa cidade atrasada, é demais... Ontem, chegou uma mulher para telegrafar a seu irmão, dizendo que o filho dela tinha morrido, mas ela não conseguia se lembrar do endereço de seu irmão. Depois de muito tempo, ela resolveu mandar o telegrama sem endereço mesmo. Ela estava chorando. Eu fui grosseiro com ela, sem razão nenhuma. Eu disse a ela: "Não tenho tempo." Foi tão estúpido! Não, definitivamente, ali não é meu lugar.

B: Sabe... outro dia li o diário de um ministro, escrito na prisão. O ministro havia sido preso por causa de um caso, desses casos... Ele falava com tanto entusiasmo, com tanto encantamento dos pássaros que ele observava da janela da prisão, pássaros que ele não notava quando era ministro. É claro, agora que ele está livre, não vai mais notar os pássaros, do mesmo jeito como não os notava antes.

A: Eu não desejo nada, não consigo ver pássaro algum na nossa janela, não sinto necessidade de nada, não gosto desse lugar, é estranho, em Moscou tudo era tão diferente... ainda não amo ninguém verdadeiramente. (*pausa*) A não ser você, irmão, acho que gosto de você...

B: Eu entendo tudo o que diz, não pense que não entendo... (*depois de um tempo*) Mas, no fundo, eu me pergunto se nós também, se também não vamos mais notar Moscou depois que passarmos a viver lá. Não desfrutamos a felicidade nem somos capazes de desfrutá-la. Apenas desejamos a felicidade, irmão. Como eu gostaria de demonstrar a você que para nós não existe felicidade e nem vai existir... A vida é dura. O tempo passa rapidamente e não volta mais.

C entra, falando para o Comandante, que está dentro da casa.

C: Para mim são duas universidades... (*pergunta para os irmãos*) Em Moscou há duas ou três universidades?

B: Em Moscou há duas universidades.

C: O Comandante me trouxe flores. Me sinto tão feliz, não sei por quê, como se estivesse de velas içadas, e sobre mim um largo céu e grandes pássaros brancos voando. (*saindo*) Por que será?!

A: Ela fica feliz quando ele chega.

B: Quero ver quando chegar seu marido.

A: Ela tem que tomar cuidado, os comandantes sempre estão de passagem, estão numa cidade e daqui a pouco tempo não estão mais.

C: (*falando para fora*) ...feliz aquele que não percebe se é inverno ou verão. Acho que se estivéssemos em Moscou não me importaria com o tempo. (*avisa aos irmãos*) Escuta, a Baronesa já chegou.

A: Mas já? Está cedo para chegar a uma festa.

C: Diga isso a ela! São dois! Cuido do Comandante, enquanto você cuida da Baronesa!

C sai novamente.

A: Vocês me tratam como criança.

A sai.

B: (*para a plateia*) Muitas vezes penso que se pudéssemos começar a vida de novo, mas conscientemente... (*pergunta*) Se pudéssemos começar de novo, mas de forma consciente? Se a vida que já cumprimos fosse uma espécie de rascunho e a nova como um texto passado a limpo? Imagino que todos nós iríamos nos esforçar, antes de mais nada, para não nos repetirmos.

C entra. Está triste.

B: O que foi?

C: Foram embora. A festa mal começou, a Baronesa bebeu demais, o Comandante foi levá-la. Nosso irmão ficou todo o tempo com uma cara emburrada.

A entra. Parece entediado.

B: Pode chegar mais alguém.

C: Acho que não.

B: O que você tem?

A: Nada.

O tempo corre: passam-se primaveras, verões, outonos e invernos...

C: (*com o bolo feito*) Pronto.

A: (*para a plateia*) Filosofamos, filosofamos, mas de tudo, até mesmo para mim, a conclusão verdadeira é que é uma pena que a juventude esteja indo embora. Já trabalho há muito tempo e meus miolos estão secando, eu emagreci, enfeei, eu sinto que envelheço, e não vejo recompensa nenhuma! O tempo passa e dá a impressão de que cada vez mais e mais me distancio de uma vida que sonhei, sabem?

B: Como nosso irmão mais novo estará daqui a alguns anos?

C: Morto, todos nós estaremos mortos daqui a alguns anos.

B: Que horror, olha como você é.

C: E a vida, como ela será daqui a alguns anos?

B: Não sei, acho que aos poucos tudo na terra deve mudar, eu acho que já está mudando. Daqui a duzentos, trezentos, mil anos, eu acredito que vai surgir uma vida mais feliz, nova. Nós não vamos participar dessa vida, mas é também para ela que vivemos, por ela trabalhamos, por ela sofremos; somos nós os seus criadores, essa é também a finalidade de nossa vida, isso pode ser um motivo para viver.

C: Eu acho que o que hoje nos parece sério, importante, de muito valor, com o tempo vai ser esquecido, vai ser considerado sem importância. E o mais interessante é que nem nós sabemos a que eles que virão vão dar importância, e o que vão considerar inútil ou ridículo. Será que no começo não viam as descobertas de Copérnico como inúteis? E também é possível que a vida que agora nos satisfaz seja julgada estranha, desconfortável. Olha, irmão, o tempo passa. Tome cuidado com isso, por favor.

A: Mas chegará o dia em que todos saberemos o porquê de tudo isso, por que estamos aqui, por que todo esse sofrimento, e então não haverá mais mistério... Porém, até então temos de viver e trabalhar. Trabalhar sempre: é o que nos resta!

B: A música está tão alegre, tão animada, me dá uma vontade imensa de viver! O tempo vai passando, nós partiremos, e seremos esquecidos para sempre. Esquecerão nosso rosto, nossa voz e também quantos éramos, porém o nosso sofrimento se transformará em alegria para aqueles que virão depois de nós, a felicidade e a paz reinarão na terra, e as pessoas se lembrarão com gratidão daqueles que vivem agora, e os abençoarão. Irmãos, queridos, a nossa vida ainda não chegou ao fim. Viveremos! A música soa tão alegre, tão cheia de felicidade! Parece até que logo nós vamos saber por que vivemos, por que sofremos... Ai, se soubéssemos por quê...

C: (*sobre a neve*) Está nevando. É engraçado, a neve não nos assusta mais.

A: Que sentido há nisso tudo? (*para B*) Que sentido há nessa nossa esperança?

Cobrem o bolo de coco ralado, como uma neve doce.

C: Meu querido, olha, está nevando... Que sentido há nisso?

Olham a neve caindo. Fim.

Fim da apresentação. Os amigos comentam sobre o que viram.

Noema: É uma técnica incrível.

Patalá: Quanta precisão.

Lóri: Técnica.

Noema: É muita técnica.

Lóri: Nossa...

Gordo: (*para a Companhia*) Eu pensei que vocês não vinham mais, fico feliz que tenha dado certo.

Lóri: Gordo e seus presentes únicos. (*para a Companhia*) É que ele sempre dá presentes únicos.

Noema: Fiquem à vontade, aceitam Maraca, aceitam algo pra beber?

Lóri: Quantas coisas vocês trazem!

Gordo: (*para a Companhia*) Feliz ano novo pra vocês.

Companhia Brasileira de Teatro: (*em coro, sobre a bebida oferecida*) Não, muito obrigado.

Patalá: É esquisito fazer uma peça da época que ainda existiam irmãos?

CBT: (*em coro, em cânone*) Feliz ano novo.

Gordo: Desculpa perguntar por isso agora, mas por acaso vocês viram uma mulher incendiada lá embaixo?

CBT: (*em coro, sobre a dificuldade de fazer a peça*) Sim, é esquisito.

Noema: Vocês já fizeram muitas apresentações hoje?

CBT: (*em coro, sobre a mulher desmaiada*) Sim, vimos uma mulher incendiada, sim.

Marco: Durou quanto tempo a apresent... (*é cortado*)

CBT: (*em coro, em cânone*) Sim, fizemos muitas.

Bóris: (*continua, para Gordo, tem mais pressa de explicar o ocorrido*) Você é o Cristiano? Desculpe o atraso, mas quase não conseguimos chegar, lá embaixo está realmente muito confuso. (*para todos*) Vocês não têm ideia de como lá embaixo está confuso.

Lóri: Vocês vão se apresentar em outra casa agora?

Marco: Durou quanto tempo a apresentação que fize.. (*é cortado*)

Patalá: Eu posso tirar uma foto de vocês?

CBT: (*juntos*) Não... Não vamos para nenhuma casa agora.

Bóris: (*completa*) Bom, nós agradecemos a acolhida, uma boa noite e feliz ano novo a todos.

A Companhia sai.

Noema: (*que achou algo da Companhia pela casa*) Espera! Vocês esqueceram isso! (*vai até o lado de fora*)

Marco: Gordo, você sabe quanto tempo durou a apresentação que eles fize... (*é cortado*)

Patalá: (*vê a saída da Companhia*) Ó, já se foram...

Lóri: Eu te agradeço, Gordo, obrigada pelo presente.

A atriz retorna ao chamado de Noema.

Nina: (*para Noema*) Pode ficar pra você, de presente. Não precisamos mais disso.

Nina sai.

Patalá: (*sobre a saída da Companhia*) Acho que não ouviram meu pedido pra fotografar, geralmente os atores gostam tanto...

Gordo: Não precisa agradecer...

Noema e Patalá: (*em coro*) Obrigado, Gordo.

Silêncio.

Gordo: Imaginem...

Silêncio. Batem na porta. Noema ouve, abre a porta.

Noema: Vocês? Esqueceram alguma coisa?

Nina, Bóris e Konstantin integram a Companhia Brasileira de Teatro, grupo que criaram há 15 anos.

O nome russo de Nina vem de um personagem de A gaivota: Nina Mihailovna Zarechnaia; o nome Bóris vem do mesmo texto: Bóris Aleksievich Trigorin, assim como Konstantin: Konstantin Gavrilovich Treplev. No século XXV é costume e autorizado que os atores modifiquem seus nomes da vida real. Os três tomaram essa decisão logo após encenarem o primeiro trabalho da companhia: A gaivota, de Tchekov.

Nina está prestes a perder um grande amor de 15 anos, Bóris está prestes a perder o bonde (transporte utilizado para viagens de longas distâncias) e Konstantin está prestes a perder o trabalho e essa espécie de família. Porque foi a companhia que, nos últimos anos, o ergueu. Konstantin decidiu trabalhar com teatro porque se apaixonou pela possibilidade de fazer algo que não se pode repetir, por ter prazer em perceber cada movimento que faz, coisa que só consegue perceber verdadeiramente quando está em cena. Nos últimos tempos, Konstantin não anda bem. Algumas vezes sumiu minutos antes da apresentação, fato que fazia Nina e Bóris saírem correndo pela rua, a pé mesmo, à procura do ator. O casal cuida e suporta a barra de Konstantin; e é verdade que ele virou uma espécie de filho, tamanha carência e necessidade de apoio. Sem a Companhia, Konstantin certamente ficará a esmo.

Bóris estudou teatro mas não está mais satisfeito com o que faz, com sua vida, da forma como ama. Bóris precisa de um tempo para si. De tanto encenar peças de Tchekov, foi criando uma espécie de aversão aos personagens resignados na vida: não, definitivamente esta não é a vida que Bóris quer para si. É tamanha a aversão que criou, que quando foram escolher os papéis para a encenação de Palavras de Anton, Bóris não aceitou representar o papel inspirado em Olga, a personagem mais resignada das irmãs. Há um sino tocando dentro de Bóris, dizendo que é hora de buscar outro papel para si.

Nina nunca imaginou que Bóris tomaria a decisão de ir embora, nunca acreditou que o namorado deixaria a Companhia: ele sempre soube da importância do casal na vida de Konstantin, e também da importância da Companhia em suas vidas. Nina nunca sequer parou para pensar se seu trabalho a fazia ou não feliz; a vida inteira fez somente isso, simplesmente, tendo sido o ofício herdado da família de atores. Ainda nos primeiros anos da Companhia, Nina recebeu um convite para integrar uma das grandes companhias do mundo. Ela não aceitou, por amor.

Marco: Vocês!

Gordo: Algum problema?

Bóris: Desculpem o incômodo, mas mal saímos da

portaria e entramos no meio de muita confusão, está muito perigoso lá fora, não é possível andar no meio dessa multidão!

Lóri: Aposto que não conseguiram passar nem da portaria do prédio.

Patalá: Claro, a passeata!

Noema: Fiquem à vontade, vocês podem ficar aqui conosco, não tem problema.

Gordo: Nós devíamos ter imaginado.

Lóri: Claro!

CBT: (*juntos, adentrando a casa*) Muito obrigado.

Silêncio. Paira no ar uma constrangedora falta de assunto. Bóris anda de um lado para outro.

Patalá: (*sem assunto*) Pois é...

Pausa.

Noema: Vocês aceitam uma Maraca?

Lóri: É, pois é...

Konstantin: Diferente, bem diferente essa casa.

Nina: (*desesperada*) Eu aceito, eu aceito uma bebida, pode ser Maraca ou o que tiverem, eu aceito uma bebida.

Patalá: (*na janela*) Quer dizer que a passeata está funcionando...

Lóri: É de Noema, a casa.

Nina: (*com uma taça na mão*) De quem é a casa?

Konstantin: (*na janela, para Patalá*) Eu ouvi que eles vão fazer trinta segundos de silêncio na hora da virada. Dizem que vão se dar as mãos e ficar em silêncio. Não seria incrível? Seria um espetáculo!

Noema: (*com a Maraca, para Konstantin*) Você também aceita?

Nina: (*sobre Jesus*) E esse quadro... É um corpo belo, um corpo sensual, é sensual este quadro.

Bóris: (*nervoso, na janela, preocupado que isso lhe atrapalharia ainda mais*) Essa agora... Não, eles não vão conseguir ficar em silêncio nessa baderna, além do quê, trinta segundos é uma eternidade!

Konstantin: Não, bebida, não, obrigado.

Noema: (*vendo a inquietude de Bóris*) E você... não aceita? Não precisa se preocupar, vocês podem ficar aqui o tempo que for preciso... qual é o seu nome?

Marco: Trinta segundos!

Lóri: (*sobre Jesus, para Nina*) É de enfeitar a casa.

Bóris: Bóris, meu nome.

Konstantin: E vocês, como se chamam?

Marco: (*sobre os trinta segundos*) Seria um espetá-culo.

Nina: Um homem sangrando de braços abertos...

Noema: Noema, meu nome é Noema. Me deixa apresentar meus amigos...

Gordo: Trinta segundos é tempo demais.

Lóri: Comprei num antiquário.

Noema: (*continuando*) ...esta é Lóri, minha grande amiga de longa data, mas nós não nos víamos há muito tempo. Este é Gordo, que comprou o trabalho de vocês, como vocês sabem... Este é Marco, nosso querido Marco, ele está um pouco calado assim, mas quando bebe uma Maraca, vocês precisam ver, e este é Patalá. Nós éramos uma grande turma de amigos, não nos víamos há muito tempo, essa é uma festa de reencontro pra nós.

Nina: (*sobre Jesus*) E é uma cruz pesada a que ele carrega.

Patalá, Gordo, Lóri e Marco: Muito prazer...

Lóri: (*emenda*) E vocês, como se chamam?

Bóris: (*sobre os trinta segundos*) Impossível!

Nina: (*sobre Jesus*) Que sofrimento, que beleza.

Konstantin: Eu sou Konstantin, muito prazer. Esta é Nina e este que não parou de se movimentar até agora é Bóris. Deixa-me ver se decorei: Lóri, Gordo, Patalá, Noema e... Marco, (*lembra-se que viram algo em comum*) que nome diferente... Marco!

Nina: Vocês todos trabalham na mesma coisa?

Lóri: Que réveillon excêntrico.

Gordo: Que réveillon diferente.

Patalá: Nossa, que memória, Konstantin, já decorou todos os nomes!

Noema: Cada um aqui trabalha em uma coisa. Eu sou historiadora, Marco é pescador, Gordo é médico e advogado, Patalá é fotógrafo e Lóri é estilis... quer dizer, Lóri é jardineira.

Gordo: Excêntrico.

Lóri: Diferente.

Patalá: (*decorando, para si*) Konstantin, Bóris, Nina...

Nina: (*nervosa*) E nós somos atores, como vocês já puderam reparar. (*bruscamente, para Bóris*) Pare de andar de um lado para outro, Bóris, não está vendo que isso enerva as pessoas, ninguém tem culpa de seus problemas.

Noema: A companhia de vocês existe há muito tempo?

Gordo: Vocês decoram fácil, né?

Patalá: Eu queria ver outras peças de vocês. Vocês podem me dar o contato para comprar outra peça?

Nina: (*constrangida*) Nossa companhia existe há 15 anos.

Bóris: (*fulo!*) É. Decoramos.

Konstantin: Sabe o que é, eu não vou te dar nosso contato porque nós não apresentaremos mais...

Bóris, **Konstantin** e **Nina**: Essa foi a nossa última apresentação.

Patalá tira uma foto.

Konstantin: (*emenda*) ...é estranho ter que dizer isso, mas essa foi a nossa última apresentação.

Noema: Quinze anos!

Nina: Ai!

Lóri: Nós assistimos a uma última apresentação? Que luxo!

Todos: Última? Que pena!

Noema: (*emenda*) Última? Então a companhia de vocês está acabando?

Bóris: (*nervoso, olhando pela janela*) Vê se hoje é dia disso, não, hoje não é dia disso!

Gordo: Atores decoram fácil.

Konstantin: É que... Bóris está indo viajar hoje. Ele está inquieto porque está com medo de perder o bonde, já que não estamos conseguindo sair daqui...

Nina solta um grito histriônico.

Bóris: (*depois de olhar a janela*) Que merda, que merda!

Lóri: Atores gesticulam muito.

Todos: (*acudindo Nina*) Senhora Nina....

Bóris: (*emenda, carinhoso*) Calma, amor, não faz assim, quer ir lá fora comigo um pouco?

Konstantin: Nina, você quer uma água?

Gordo: Podemos te ajudar, senhora Nina?

Nina: (*grita, para Bóris*) Não me chame de meu amor!

Bóris: (*carinhoso*) Amor...

Noema: Quer água, senhora?

Ouvem o grito, afastam-se e assistem à cena como se assistissem a um teatro. Mas não é teatro.

Bóris: Calma, Nina, você tem que confiar em mim, Nina. E além do mais... eu vou voltar, eu só preciso de um tempo, eu vou voltar...

Nina: Você só está pensando em você.

Konstantin: (*como um narrador*) Neste exato momento ela vai pular no pescoço dele e vai xingá-lo, é sempre assim.

Bóris: Eu tenho que ir, você não entende? Eu não tenho alternativa.

Nina: Para!

Bóris: Nina, por favor, não estamos em casa...

Nina: (*como se pulasse no pescoço de Bóris*) Cruel, você é cruel!

Konstantin: Neste exato momento ele vai chutar a

primeira coisa que encontrar pela frente, farto da vida! Há pessoas que roem as unhas, Bóris sempre chuta a primeira coisa que vê pela frente.

Nina: Eu estou pouco me lixando se estamos ou não estamos em casa.

Bóris: Você acha que é cruel eu me escolher entre mim e você? Você também está optando pelos seus próprios sentimentos.

Bóris chuta alguma coisa.

Konstantin: Agora Nina vai até a janela para tomar ar.

Bóris: Nina, por favor!

Nina: Tudo bem, nós estamos terminando, tudo está terminando, mas não trata isso como se fosse normal, (*indo tomar um ar na janela*) como se bastasse esperar pelo seu bonde e pronto: é tudo o que você precisa agora, de um bonde!

Bóris: (*caindo no chão*) Droga!

Konstantin: (*pesaroso*) Agora eles vão falar de mim, como se dissessem que eu não sou nada sem eles, como se dissessem que eu não sou capaz de levar minha vida sozinho, de encontrar outro grupo depois que o nosso acabar. Vão insinuar que sou desequilibrado, que preciso me tratar, e que sem eles eu não vou conseguir fazer isso sozinho.

Lóri: (*tentando mudar de assunto*) É... o dia está bonito hoje, não está?

Marco: (*tentando mudar de assunto*) É... vocês já pescaram alguma vez?

Nina: Você não está pensando em Konstantin. (*vê Konstantin*) Desculpa, Konstantin, desculpa... (*para todos*) Desculpem, me desculpem. (*recompondo-se, tentando tirar o foco de si, é uma atriz*) Então, o senhor.... Marco é um pescador, profissão difícil, não é mesmo? Você já viu algum peixe?

Lóri: (*tentando mudar de assunto*) É... eu gostei da roupa de vocês!

Gordo: (*tentando mudar de assunto*) Sofá diferente esse, não é mesmo?

Konstantin: (*olhando pela janela, aponta para a plateia*) Que estranho, vocês viram isso?

Marco: Uma vez eu vi um vulto no rio, acho que era um peixe, mas foi tudo muito rápido. Eu gosto de ser pescador, eu sou atirador de mira especializada. Há pouco tempo eu até comprei um barco, pra ficar mais propício ver um peixe.

Todos vão até a janela. Silêncio.

Bóris: (*ao telefone*) Alô, por favor, me transfira para a Central de Vendas?

Konstantin: (*enquanto olha a plateia*) Um barco? Você tem um barco? Isso é incrível! E você fica dentro dele?

Patalá pega seu Mesa Girante.

Lóri: (*sobre a plateia*) Estão todos em silêncio...

Gordo: (*sobre a plateia*) Que estranho...

Marco: Sim, meu barco é simples, é pequeno, só me cabe lá dentro, mas eu me sinto tão bem. Fico a maior parte do meu tempo nele, eu me sinto bem lá. Me sinto sozinho, mas não sei por quê, me sinto bem. No fim do dia, quando estou cansado, escolho com minhas mãos um trecho do rio, recolho esse trecho, coloco no meu rosto, despejo um tanto do meu cansaço nele, depois jogo a água cansada de volta no rio; meu cansaço se mistura às outras águas, com outros trechos de outras pessoas que fizeram o mesmo, e é o rio que leva meu cansaço. Eu gosto da água, dos pingos do rio que choram pulando. Quando meus pensamentos estão muito confusos, eu boto meus dedos lá dentro e a água benze minhas mãos. Eu lavo minhas camisas, quando tenho sede, bebo água do rio. As pessoas acham estranho, mas é bom. Vocês sabiam que antigamente os barcos eram movidos pelo vento?

Patalá: (*contando as peças do Mesa Girante. Todos estão em completo silêncio*) 30, 29, 28, 27, 26... 3, 2, 1...

Ouve-se o barulho dos fogos de artifício. Como prometeu, a passeata fez trinta segundos de silêncio e os amigos não percebem que é ano novo.

Patalá: (*constata*) Trinta peças. Um Mesa Girante tem trinta peças!

Gordo: (*sobre a passeata, para a plateia*) Resolveram fazer silêncio agora, que estranho. Quase nem se movem... e estão em silêncio...

Lóri: (*descreve a plateia*) Ei, aquele senhor de blusa branca é o porteiro daqui, não parece o porteiro aqui de baixo?

Nina: (*descreve a plateia*) Eu vi aquela senhora quando descemos, ela tava ajeitando os cabelos. Andou até ali, depois foi pra lá, no meio daquela confusão toda.

Lóri: Que silêncio.

Noema: Não, não é ele, não...

Marco: Por que não vamos pra passeata?

Nina: Bóris não sai desse telefone, não sai um minuto desse telefone.

Bóris: (*ao telefone*) É que eu gostaria de saber se é possível trocar o bilhete, se eu não conseguir chegar aí a tempo...

Gordo: O que você disse, Marco?

Konstantin: Você disse pra irmos pra lá, Marco?

Bóris: (*ao telefone*) Não é possível trocar... Mas como não?

Marco: Eu não acredito que isso não passou pela cabeça de vocês.

Noema: A portaria do prédio está bloqueada, Marco.

Bóris: (*ao telefone*) ...mas a cidade está paralisada, que serviço alienado é este de vocês? A cidade... (*cai a ligação*) Merda! Merda! (*desolado*) Perdi meu bilhete, perdi.

Lóri: Não é isso, é que ainda tem policiais por lá. Se tem policiais ainda deve estar perigoso.

Marco: (*decide por si*) Eu vou. Eu vim a pé, passei pela passeata e consegui chegar aqui, também vou conseguir descer, ora.

Konstantin: Você vai mesmo?

Nina: Nós não conseguimos descer.

Nina, Konstantin e Bóris: (*juntos*) Você veio a pé?

Gordo: (*emenda*) Marco, você deve saber que não é indicado que você fique no meio de tanta gente, você deve saber disso.

Konstantin: Você também anda a pé?

Bóris: Você acha que já é possível passar pela passeata?

Marco: Nós chegamos aqui, foi difícil, mas quer dizer que já conseguimos passar...

Lóri: (*respondendo a Konstantin*) Sim, ele anda a pé.

Marco: ...tem uma passeata lá fora, e nós estamos trancados dentro de casa, (*para os amigos*) isso não se parece conosco.

Nina: Bóris, não parece as loucuras de Konstantin?

Marco: (*saindo*) ...não sei sobre vocês, eu estou indo.

Bóris: Ele pode ter razão.

Todos: Marco!

Noema: (*sobre Marco*) Ele está indo mesmo!

Gordo: (*indo para a porta*) Espera, Marco. (*vendo que ele saiu, muito nervoso*) Isso não é bom. (*da porta,* *para as pessoas*) Eu sei do que estou falando, andar no meio de muita gente, do jeito que Marco está não é bom, eu conheço essa doença. (*avisa e sai*) Eu vou buscar ele, e vocês deveriam me ajudar.

Gordo sai.

Konstantin: (*seguindo*) Ele desceu mesmo...

Nina: O que ele tem?

Bóris: (*saindo*) Será que já é possível passar por lá?

Noema e Patalá: (*desaparecendo*) Gordo!

Lóri: (*para Nina*) É que Marco não está bem.

Nina: (*saindo, para Bóris*) Bóris! Bóris!

Lóri: (*saindo*) Mas tem um monte de policial lá embaixo, um monte de policial...

Todos saem. Silêncio. Marco entra, com raiva: foi obrigado a voltar para casa. Em seguida, todos entram, com Gordo à frente, nervoso. Konstantin observa tudo, como se já houvesse acontecido isso com ele antes. Bóris não apareceu ainda.

Gordo: (*sempre para Marco, nervoso*) ...isso é uma irresponsabilidade. Não, você não vai e ponto. Você sabe por que nós fizemos essa festa? Nós fizemos essa festa por causa de você, nós reservamos um réveillon das nossas vidas por causa de você. Será que você não percebe que desse jeito você só vai piorar, se você não entendeu, eu vou te dizer de um jeito bem claro: você está doente, não precisava estar, mas você está doente, e desse jeito você não vai se curar nunca...

Lóri: Espera, Gordo...

Gordo: ...Nunca! Eu trato de pessoas como você todo dia, e pra quem não quer fazer nenhum esforço pra se curar, os médicos desistem, sabia? Se você não fizer um esforço pra se conter, Marco, você vai continuar do jeito que está. Você é louco, ficar andando a pé de um lado pra outro assim vai te levar a quê? Olha pra você, Marco, olha pra você. A gente se espelhava em você, foi você quem nos juntou, todo mundo aqui já quis ser como você, você era vivo, você era presente, Marco, olha o que você virou. Você fica pelos cantos falando sozinho igual a um marginal... Eu duvido que você tenha amigos agora. Você tem amigos? Todo mundo deve morrer de vergonha de você. Então ou você se contém, ou todo mundo vai desistir de você.

Pausa.

Patalá: Marco, o Gordo tá nervoso, mas é pra teu bem...

Bóris entra.

Lóri: Calma, né, Gordo.

Noema: A gente quer o seu bem, Marco...

Nina: (*aliviada*) Bóris! Você demorou...

Patalá: (*para Marco*) A gente só quer o seu bem...

Konstantin: (*para Marco, com o pedaço de bolo nas mãos*) Toma.

Bóris: Eu tava no telefone, Nina.

Bóris começa a apanhar os objetos do cenário da peça.

Noema: (*para Nina*) Vocês nos desculpem, é que Marco está doente, e ele insiste em não se cuidar...

Konstantin: (*sussurrando para Marco um segredo*) Você também vê algumas coisas antes que elas aconteçam?

Patalá: Decidiu sobre seu bilhete?

Lóri: Gordo...

Nina: Ele tem aquela doença... nossa, eu compreendo vocês.

Marco: (*para Konstantin, resistente*) Por que você quer saber?

Bóris: (*terminando de juntar as coisas*) Sim, eu decidi.

Lóri: ...eu entendo por que Gordo disse aquelas coisas, se não dissesse, Marco teria saído do prédio, mas talvez você tenha ido um pouco além.

Nina: (*pegando o crucifixo para si*) Noema, esse quadro de sua casa é sobre o amor, não é? Sobre o que se sente quando se ama: isso de abrir os braços pra alguém, abrir o peito, o corpo, mas, no fundo, estar pendurado numa cruz, com seu sangue exposto.

Konstantin: (*sussurrando, com vergonha*) É estranho, já há algum tempo meu coração bate sem pressa, eu sinto minha respiração indo e vindo sem ansiedade, eu me atraso no tempo, eu estou com medo. Com você também é assim?

Bóris está terminando de juntar as coisas.

Gordo: (*para Lóri*) Você queria que eu deixasse ele ir, é isso?

Noema: Nina, eu olho pra você e me vejo, alguns anos atrás, quando Patalá foi embora. Eu e Patalá também fomos um casal.

Marco: Isso ainda vai te dar trabalho, Konstantin, toma cuidado.

Patalá: (*com o rádio nas mãos, para Bóris*) Bóris, isso aqui tá ficando pra trás.

Lóri: Só não precisava ter dito tanto, Gordo, só isso.

Noema: O único conselho que eu te dou é pra não esperar por ele.

Konstantin: (*sussurrando*) Que duração é essa de "estar", Marco?

Bóris: Pode ficar pra você. É antigo mas funciona bem. Se você clicar no botão sai música, eu juro.

Bóris guarda os objetos de cena e se prepara para ir embora.

Bóris: Eu nem sei o que dizer, de repente perdi as palavras. (*pausa*) Patalá, você se importa de tirar uma foto?

Patalá clica no botão do rádio.

Nina: Eu não sei se vocês sabem o que é isso. Alguns sabem o que é isso. Isso de se unir a algumas pessoas e com eles acreditar que é possível construir uma obra bela. E também com ela sentir a extrema, a extrema vaidade de sair por aí se apresentando em países distantes, ruas, festivais. E também com elas, vocês passam anos rezando a arte, e acreditando ingenuamente que tudo isso, tudo isso, pode curar alguma agonia do homem. Foram 15 anos!

Patalá tira a foto.

Marco: (*sobre Konstantin*) Patalá, você conseguiu tirar uma foto.

Gordo: Boa viagem, Bóris.

Noema: Bóris, foi um prazer te conhecer.

Lóri: Você disse alguma coisa, Marco?

Marco: (*explode*) Sim, eu disse uma coisa, você está me ouvindo? É isso que você me perguntou, pois eu vou te responder: sim, eu disse alguma coisa, eu estou dizendo alguma coisa agora.

Marco toca Lóri.

Todos: (*reagindo ao toque de Marco*) O que é isso, o que você tá fazendo, Marco?

Noema: (*estoura*) Você é louco, você não tem esse direito, para com isso.

Bóris: Ele deve ter bebido demais.

Konstantin: Marco...

Gordo: Marco, senta aqui, deixa eu te ver.

Marco: Eu não preciso sentar, eu não quero sentar.

Nina: Ele já fez isso antes?

Noema: Lóri, você está bem?

Marco: (*vai tocar Lóri*) Lóri, eu não quis te fazer mal.

Lóri: (*num reflexo, empurra Marco*) Sai daqui, Marco.

Noema: (*rapidamente, num reflexo, intervindo fisicamente*) Deixa ela, Marco, você não tem esse direito.

Marco: Noema, sou eu que estou aqui, eu não quero fazer mal a ninguém.

Patalá: (*empurra Marco*) Para com isso, Marco, você não tem esse direito.

Bóris: Tem alguma coisa errada aqui.

Nina: (*sobre Marco*) Ele não bebeu demais?

Bóris: É, ele pode ter bebido demais.

Konstantin: Vocês estão confundindo tudo, vocês estão me confundindo.

Gordo: (*para os amigos*) Calma, gente, nós vamos ter que ter calma, eu sei o que fazer. Nós vamos cuidar de você, Marco, por favor, tenha calma.

Marco: (*apontando violentamente a arma para Gordo*) Calma o quê, seu homenzinho de merda. Você acha que conhece o mundo porque fica dentro de um consultório curando doenças e resolvendo impasses?

Você tem orgulho de si porque trabalha demais, não é? (*grita*) Você acha que cura, seu imbecil, mas você só sustenta a doença de todo mundo.

Noema: Marco, você não pode estar fazendo isso, somos nós que estamos aqui.

Marco: (*com a arma, para Gordo*) Sente meu pulso. (*violento*) Toca!

Patalá: Marco, por favor, você não pode... (*é cortado*)

Marco: (*grita para Gordo*) Eu estou mandando você me tocar.

Lóri: Marco, você está nervoso, você está nervoso porque... (*é cortada*)

Marco: Por acaso eu te machuquei, Lóri? (*chega bem perto*) Por que você se assustou tanto comigo, por quê?

Lóri bate em Marco.

Lóri: Desculpa, Marco, desculpa.

Marco: (*irônico*) Pelo menos estamos vivendo alguma coisa juntos.

Noema: Chega, Marco.

Marco: E você, não está vendo o que está acontecendo com você, Noema? Não é possível que não esteja vendo! (*pega a máquina de fotografar de Patalá*) Vamos ver as fotos que nós posamos, vamos ver se existiu alguma hora em que nós estivemos juntos de verdade.

Patalá: (*indo para Marco*) Marco... por que você tá pegando nisso? Para com isso.

Marco: (*grita*) Eu quero ver se alguma hora vivemos algum momento juntos, porque nós não vivemos nada juntos, é tudo mentira.

Gordo: O que você quer, Marco?

Marco: O que eu quero? (*apontando a arma para Gordo*) Agora eu quero que você olhe pra lá (*aponta para a plateia*), seu metidinho de merda. E agora você vai dizer: "Eu estou doente" e vai olhar no fundo dos olhos deles.

Gordo: (*vagarosamente*) Eu... estou... doente.

Marco: (*grita*) Agora olha pra mim.

Eles se olham nos olhos.

Marco: Quem está doente aqui, hein, quem está doente?

Marco abaixa a arma, afasta-se, aproxima-se da plateia. Todos acodem Gordo.

Noema: Gordo, você tá bem?

Bóris: O senhor está bem?

Nina: Nós podemos fazer alguma coisa?

Lóri: Gordo, fala com a gente.

Konstantin: Marco!

Noema: Cadê ele?

Chamam por Marco.

Lóri: Ele saiu?

Bóris: Ele só pode ter saído.

Nina: Ele ainda deve estar perto da portaria.

Patalá: Eu vou atrás dele.

Gordo: Não. Deixa ele ir.

Todos surpreendem-se com a decisão do médico e advogado.

Noema: Mas é perigoso, desse jeito que ele tá, é perigoso sair sozinho.

Gordo: (*ainda em choque*) Deixa ele ir, ele vai ficar melhor... ele deve voltar, normalmente eles voltam.

(*foi contagiado*) Vai que ele está mesmo vendo alguma coisa que não estamos vendo, não é?

Há uma carta da irmã de Rimbaud à sua mãe, descrevendo o irmão doente, no leito de morte. A carta diz assim:

"Não, não acredito. É quase um ser imaterial e o pensamento foge apesar dos seus esforços. Às vezes pergunta aos médicos se eles veem as coisas extraordinárias que ele percebe, e fala-lhes e conta-lhes com doçura, de uma maneira que eu não saberia repetir, suas impressões. Os médicos olham-no nos olhos, estes belos olhos que nunca foram tão belos e nem mais inteligentes, e dizem entre eles: 'É estranho.' Há, em Arthur, alguma coisa que eles não compreendem."

Há alguma coisa nos olhos de Marco que eles não compreendem. Marco está com a arma nas mãos diante da plateia.

Marco: Não é pra ter medo de mim, acho que não. Nem sei se estão compreendendo as palavras que eu estou dizendo agora, talvez só os doentes estejam me ouvindo enquanto falo, mas tudo bem. Toma, pega! É um presente. O meu presente. O mais simples de todos os presentes: o presente. Puro e simples. Que por mais sólido que pareça, está aqui se transformando. Quem está aqui? Quem. Não se preocupem comigo. Eu estou bem.

Marco dá um tiro em si. Perambula, ainda em pé, sangrando pela casa.

Noema: Pessoal, um brinde à vida! Que bom que estamos juntos aqui, agora, neste instante. Um brinde à nossa capacidade de perceber que alguma coisa está acontecendo.

Marco cai no chão.
Corte seco para o fim.

SOBRE O ESPETÁCULO

A teatralidade e seu duplo

VALMIR SANTOS
Jornalista, crítico e pesquisador teatral

Três anos separam o aparecimento de *A gaivota* da inauguração do Teatro de Arte de Moscou, no final do século XIX. Trata-se do hiato entre um dramaturgo renomado pela condição de contista cioso de diretores que elevassem o realismo e a simplicidade à enésima potência e uma companhia teatral inquieta por novas visões estéticas, filosóficas e poéticas para o ator. Do futuro em que escrevemos, o encontro de Tchekov com a equipe de Stanislavski e Nemirovitch-Dantchenko — a montagem da peça seminal estreou em 1898 — transformou paradigmas que continuarão a ecoar amanhã adentro.

Separados por três anos de nascimento, o Grupo XIX de Teatro e o grupo espanca! dão-se as mãos no século XXI, embebecidos por aquele efervescente movimento que revolucionou os palcos na virada de século. A dramaturgia (e a encenação) de *Marcha para Zenturo* evoca os artistas e a "comédia em drama", citados há pouco, para compor uma mensagem, colocá-la numa garrafa, lançá-la ao mar e endereçá-la ao porvir, aos-que-virão-tchekoviano, saudando a modernidade russa em fusão com um profundo sentimento de mal-estar contemporâneo.

O espectador-leitor-criador é lançado numa parábola subversiva que implode as unidades de tempo e espaço, decanta as durações e distâncias interpessoais para medir o quanto as memórias físicas e d'alma estão deslizando, elas que deveriam ser alimentadas pelos sentidos da esperança. Para retratar essa enfermidade existencial, mal do século que mal começou, o texto é rigorosamente estruturado sem condenar a emoção. Está assentado em partituras de movimento, trajetória e referencial de cinco figuras que não se veem há anos e marcam o reencontro para o réveillon (de 2441!). Suas falas e ações são concomitantemente atrasadas, presentes e adiantadas. Transpor esse relógio suíço para a cena é um feito e tanto.

O recurso de atemporalidades do aqui expõe idiossincrasias e vazios. A anfitriã e os convidados topam a referida festa sobretudo para acolher um deles que está doente: padece da consciência de mundo. É esse sujeito que chega da rua, reivindica o toque, o olho no olho, e quer voltar para de onde veio, aderir à passeata por Zenturo (corruptela de zen com futuro, intuímos).

A realidade convulsiva lá fora invade as relações daquelas pessoas como que confinadas. Os manifestantes planejam meio minuto de silêncio à meia-noite, auge dos fogos de artifício. Essa condição absurda é só a ponta do iceberg da escrita de Grace Passô, em colaboração com os atores dos dois grupos.

Para tanta fuga narrativa em sampleamento de tempos mortos e de faiscantes retardamentos e avanços, eis que surge uma janela genial para o século XIX que se faz presente por meio da companhia que encena *As três irmãs* dentro da festa-peça, literalmente um "presente único" de um dos amigos que contratou o espetáculo para aquela reunião especial — uma deixa para introduzir o fundo biográfico dos agrupamentos protagonistas, pois a trupe está para ser dissolvida, anuncia sua última apresentação. Tal licença para metalinguagem sincroniza o espectador-leitor-criador com *Marcha para Zenturo* e com os desafios de dois grupos em busca de uma terceira via.

Na peça dentro da peça, *Palavras de Anton*, um escritor afirma que "é uma pena que a juventude esteja indo embora". Algumas cenas depois, agora na voz do ator que interpreta esse escritor, ele fala dos 15 anos lidando com o teatro de grupo, "rezando a arte, e acreditando ingenuamente que tudo isso, tudo isso, pode curar alguma agonia do homem". O chão realista tem a ver com os momentos pessoais/coletivos tanto do Grupo XIX de Teatro como do espanca!. Ambos vinham de três espetáculos acompanhados com expectativa pelo público e pela crítica, a reboque das impactantes projeções de *Hysteria* (2001) e *Por Elise* (2004), respectivamente.

O projeto *Marcha para Zenturo* espelha as vicissitudes de lado a lado, o então recente desligamento de integrantes fundadores, os desafios da manutenção, da convivência e até da co-habitação quando se trata de construir com outro grupo a 586 quilômetros, ponte rodoviária Belo Horizonte-São Paulo, por mais que tenha sido feita a residência artística semanas aqui, semanas lá. As células dessas crises são revivificadas na linguagem, engatam procedimentos criativos que desestabilizam os temas e as formas até então reconhecíveis e os empurra para equilibrarem-se em corda de aço sem rede.

O sofisticado sistema de cálculos e padronizações aplicado para romper com as convenções dramáticas em *Marcha para Zenturo* nos faz lembrar os experimentos dodecafônicos de John Cage, na música, ou os matemáticos de Merce Cunningham, na dança. As atonalidades e aporias surgem aparentemente desconectadas dos matizes das obras de cunho social e político encenadas em edifícios históricos invariavelmente abandonados e sob a luz do dia, no caso do Grupo XIX de Teatro, ou de criações associadas à poesia das palavras e das imagens para se interrogar sobre incomunicabilidades, no caso do grupo espanca!.

A interação, no entanto, carrega tais vestígios e os reelabora entre os espaços público e íntimo. Na peça, o protesto organizado fora do apartamento ecoa frequentemente nos corações e mentes da festa. Apesar de "paralisados" entre quatro paredes, delineadas no tablado por luz neon, é inevitável que todos sejam afetados pela voz rouca das ruas, que articula um protesto pacífico de trinta segundos de silêncio. Esse cenário permite estabelecer outra analogia, agora com o drama chileno *Neva* (2006), escrito e dirigido por Guillermo Calderón, que se passa na São Petersburgo de 1905 e apanha um grupo de atores ensaiando, entre eles a viúva de Tchekov, enquanto há uma revolução operária nas ruas e os artistas se indagam se devem seguir ensimesmados com sua arte ou se devem juntar-se à massa.

Marco, o amigo "doente", também põe a sociabilidade em xeque. São dele as análises mais contundentes quanto à realidade, a metáfora do barco solitário em alto-mar, a nostalgia da solidariedade. Não por acaso, ele é interpretado por um dos atores do Grupo XIX de Teatro, Rodolfo Amorim. É o próprio quem vai pisar para além daquele quadrado cenográfico crônico, em todos os sentidos, avançando e olhando nos olhos do espectador, uma vez que aquelas figuras em cena não o fazem entre elas, descompensadas. A relação direta com o público é cara às montagens do grupo dirigido por Luiz Fernando Marques, que também assina esta *Marcha*.

O tensionar de tempos narrativos já constitui, por si, um ruído de comunicação permanente, como convém aos dramas do espanca!. Os estados de absurdidade derivam dos raciocínios esparsos e vão até as atitudes desses homens e mulheres de profissões reconhecíveis, lá pelas tantas, uma historiadora, um médico e um advogado, uma estilista/jardineira, um fotógrafo (a apreensão desse caos pela lente é uma metáfora poderosa), todos de caráter e atitudes estranhas, confusos e perigosos como sua época, o século XXV. Pelas fendas dos conflitos que não são elementares, brotam as alteridades do estilo Passô de escrever, com suave gravidade e dolente ironia, estalos que dão o que pensar.

A dramaturgia que o grupo espanca! ora publica está endereçada, como se disse, à posteridade. A consistência dessa pesquisa e suas provocações reafirmam a ousadia dos coletivos mineiro e paulista na renovação da cena brasileira. A experiência evidencia uma etapa de trocas mais sinceras e efetivas por parte dos trabalhadores de teatro, despidos do personalismo que marcou o modernismo dessa arte entre nós. Decerto, não há instância de mais desnudamento que a sala de ensaio. Um grau assim de compartilhamento exige habilidade, perseverança, porque os obstáculos não são poucos.

Os filósofos já nos iluminaram que a virtude é sempre o cume entre dois abismos. A coragem, por exemplo, é o meio-termo entre a covardia e o medo. A dignidade, funâmbula nos extremos da complacência e do egoísmo. A doçura faz a mediania da cólera e da apatia. Seguindo essa toada, a dramaturgia e a cena de *Marcha para Zenturo* podem ser lidas como a pororoca de dois núcleos artísticos que se encontram em seus verdes anos para lastimar a perda da juventude em seu sentido metafórico, ou nem tanto. Seus vícios são o passado e o futuro, fazendo da arte do presente a razão da teatralidade de ser.

Marcha para Zenturo

GRUPO XIX DE TEATRO

Nos encontramos, espanca! e Grupo XIX de Teatro, para a experiência de criar juntos, conviver, partilhar espaços, ideias, utopias e também compartilhar dúvidas, angústias, crises.

Marcha para Zenturo é a materialização desse encontro, um grupo de São Paulo e um grupo de Belo Horizonte. Nele, os dois coletivos se fundem para a criação de um só trabalho. A peça foi sendo construída ao longo de atividades de intercâmbio em Belo Horizonte e São Paulo. Todo o esforço caminhou no sentido de tornar real a possibilidade quase remota de dois grupos, com trajetórias e trabalhos distintos, de cidades diferentes, se juntarem num mesmo projeto e criarem as condições para um processo longo — oito meses em sala de ensaio e mais de dois anos de trabalho para que este projeto não se perdesse. Para além de seus temas e discussões, pensamos hoje que o desafio de criarmos juntos talvez tenha sido a maior contribuição política deste trabalho. Formulamos um projeto que era ao mesmo tempo espaço do risco, abertura para o "outro", o diferente, e era também arejamento para nossos próprios procedimentos.

Tudo começou quando no ano de 2006, apoiados pela Lei de Fomento ao Teatro para a cidade de São Paulo, o Grupo XIX de Teatro pôde promover uma série de reuniões-almoços chamadas de "Encontros Antropofágicos", em que outros grupos de teatro eram convidados a dividir a mesa, tendo como prato principal a discussão e a troca, a partir de suas trajetórias, seus projetos estéticos e modos de produção. Foram quase 16 grupos de todo o país que abriram suas "cozinhas", suas salas de ensaio, seus escritórios, para falarmos francamente sobre nossos prazeres e dificuldades em fazer teatro. Era o ano de 2006 e vivíamos, talvez, um certo auge da ideia de teatro de grupo, tanto como única forma de sobrevivência quanto como crença nesse projeto de coletividade. O grupo espanca!, considerado um grupo "primo" por ter uma trajetória muito parecida com a do XIX, foi então recebido para uma dessas conversas e começamos o namoro, ainda nem imaginando o quão "sério" ele iria se tornar! Em 2007, foi a vez do espanca! nos receber dentro do encontro de teatro Acto I, numa imersão de sete dias na cidade de Belo Horizonte onde cada grupo pode mostrar seus trabalhos, materiais em processo e, sobretudo, refletir e trocar a partir das razões artísticas que movem esses coletivos. Percebemos quanto a prática é reveladora de um modo de pensar o mundo e o teatro e, nos aproximando do ambiente da sala de ensaio, a partir da mostra de processos de cada grupo, intuímos que apenas numa troca criativa teríamos uma real experiência de encontro. Em 2008, o XIX propôs ao espanca! a realização de um miniprocesso em que o resultado não seria mais fruto do trabalho nem do primeiro nem do segundo, mas seria uma terceira coisa, nascida do encontro, híbrida, com a potência de um contato estabelecido sem hierarquias e feito do desejo de transformar-se a partir do outro. Neste momento, o XIX já ansiava por explorar outros modos de criação e já sentia um certo esgotamento na sua forma colaborativa de construção da dramaturgia que gerou seus três primeiros trabalhos. Nos pareceu que a experiência do espanca! em relação a esse terreno, por ser muito diferente da nossa, nos apresentaria um novo horizonte. Ficamos dois meses em trabalho contínuo, discutindo, improvisando, tateando o outro grupo e se esforçando para avançar com delicadeza para que nenhum grupo se impusesse ao outro. Desta escuta e desse prazer de jogar num terreno novo, nasceu o embrião *Barco de Gelo*, um work in progress que foi mostrado ao público em apenas oito apresentações na Vila Maria Zélia, em São Paulo, e mais duas no Galpão Cine Horto, em Belo Horizonte.

A história terminaria aqui, já que nenhuma determinação prévia exigia que esse experimento se tornasse um espetáculo. Mas este momento, o ano de 2009 mais precisamente, marcava um período importante para o XIX, em que um estado de crise fez o grupo questionar seu modo de produção, seu rumo estético, as relações que tinha conseguido criar até ali. Foi um ano também em que pululavam em vários lugares o desejo dos grupos trocarem uns com os outros, sentindo talvez a mesma necessidade de arejamento que nós. Muitos coletivos que eram "jovens" no momento do movimento Arte contra a Barbárie (movimento que mudou o panorama do teatro de grupo na cidade de São Paulo), agora já estavam completando dez, 15 anos de trabalho e sentiam a necessidade de rever seus conceitos para abandoná-los ou para reafirmá-los a partir de uma convicção renovada. E foi este quadro que nos fez acreditar que criar um espetáculo junto com o espanca! seria o melhor caminho. Confirmado o desejo recíproco, tivemos, dessa vez, mais seis meses em sala de ensaio. Os mineiros se mudaram para São Paulo e por esse período vivenciaram e ocuparam conosco a Vila Maria Zélia. Agora já não era um processo "descompromissado". Tínhamos a tarefa de criar a quarta peça de cada um dos grupos e as decisões, agora, seriam mais definitivas: os temas, o discurso, a forma. Tudo se tornou um território de embate político, de aprendizado com o outro, do exercício de construir algo juntos.

Marcha para Zenturo é fruto dessa trajetória, desse encontro e, contraditoriamente ou não, fala justamente de desencontro, da dificuldade em se compartilhar o tempo presente. Parece difícil estar, realmente, no presente. Às vezes, as percepções se dão mesmo com certo "delay". Ainda buscamos entender o que é o nosso "Zenturo", o que conseguimos dizer sobre o nosso tempo ao falar de um futuro distante em 2441. Em cena, amigos que não conseguem partilhar o instante, um grupo de teatro que cumpre um ciclo, uma janela para a esfera pública onde uma multidão marcha para (ou por?) Zenturo. Quem marcha? Marcha pelo quê? O que ainda pode reunir pessoas? Por que estamos nós olhando por essa janela sem nos juntar a massa? Sem nem, ao certo, saber dizer o que ela busca? Hoje, para o XIX, no nosso "delay", vamos amadurecendo nosso sentimento em relação ao espetáculo. E, como nunca, percebemos que não são as personagens, mas nós mesmos, artistas, grupo de teatro, que olhamos por essa janela e encaramos o público com muito mais perguntas do que respostas. Para nós do XIX, *Marcha para Zenturo* nos coloca diante da importante questão de como ocupar o lugar público, o que dizer do nosso tempo presente.

A peça aponta o teatro como esse espaço possível de encontro, e fala da arte como esse algo "que talvez possa curar alguma agonia do homem", mas tudo isso, em nosso Zenturo, se apresenta como algo ameaçado, em crise. E, certamente, isso não fala só de Zenturo, lá em 2441, mas do nosso presente também.

Pequeno monólogo interior

Gustavo Bones
Ator e integrante do grupo espanca!

Existe uma cena em *Marcha para Zenturo*, quando todos estão confusos, se debatendo, em que Gordo tenta colocar ordem nas coisas, acalmar os amigos. Afinal, ele é advogado. Há um problema de saúde e Gordo, médico, sabe o que fazer. Surpreendentemente, Marco, o doente, saca uma arma de fogo e ameaça seus velhos amigos. Aponta a arma para Gordo e ordena: *eu quero que você olhe no fundo dos olhos deles e diga EU ESTOU DOENTE*. Apavorado, Gordo obedece. Então Marco pergunta: agora olha pra mim. Quem está doente agora?

Quando o Rodolfo (que às vezes se chama Marco) me aponta sua velha arma, falsa, penso em tensionar ao máximo meu umbigo. Certamente, se eu estivesse nessa situação estaria tremendo, mas nessa cena, acho que quanto menos eu me mover, melhor. *Eu quero que você olhe pra lá*. Então penso em dividir minhas ações: primeiro recuo um pouco, dois passos curtos, olhando para o Rodolfo. *Olha!* Então me viro lentamente e paro de frente para a janela imaginária, olhando para o chão. Avistamos o público dessa janela. *Agora eu quero que você olhe no fundo dos olhos deles e diga EU ESTOU DOENTE.*

Sinto Rodolfo encostar o objeto na minha nuca. Levanto os olhos bem devagar e escolho alguém da plateia para me ouvir. Marco manda Gordo olhar nos olhos do público. Eu sou míope e não uso lentes, faço nossas peças sem enxergar muito bem. Escolho alguém e finjo olhar fundo nos seus olhos. Para convencer de que vejo cada detalhe, fico parado assim, fitando um rosto embaçado por um tempo. Aperto bem fundo meu umbigo, inspiro e procuro falar a meia-voz (nem muito alto nem muito baixo): *EU* (pausa) *ESTOU DOENTE*. Já experimentei *EU* (pausa) *ESTOU* (pausa) *DOENTE*, mas o Marcelo preferiu do outro jeito. Depois de sentir a arma se descolar do meu corpo, baixo a cabeça. Escuto Marco dizer: *agora olha pra mim*. Fecho os olhos devagar. Dou uma pausa e, lentamente, viro a cabeça para o Rodolfo. Estamos próximos, posso ver muito bem. Ergo um pouco a cabeça. Olho nos olhos deles (do Rodolfo e do Marco), que perguntam (a mim e ao Gordo): *quem está doente agora?*

No instante em que vejo os olhos do Rodolfo, enxergo toda a humanidade. Desculpe a prepotência, mas uma obra de arte é assim: mostra um grão, mas quer falar do areal inteiro. E se Borges inventou o Aleph, digo que eu inventei Zenturo. Quando enxergo as retinas do Rodolfo vejo Zenturo: vejo, ao mesmo tempo, todos os seres humanos que habitam o mundo, todos os adultos e crianças da Terra. Toda a humanidade atravessa meu corpo. Me sinto o Humano. Sinto o tempo roubando as vidas, roubando os desejos. Vejo que os amigos se encontram, mas não se veem mais. Sinto a correria alheia, o trabalho alienante, sinto o descompasso de tempos, a falta de comunhão, a individualidade acidental, individualidade da pressa. Vejo os olhos de todos vocês, todos nós, vejo-nos falando com o vazio, rindo para o vazio, amando o vazio sem saber, porque ter consciência disso seria insuportável. Então eu penso, em nome de todos, como um expurgo, um exílio: eu estou doente. Eu... estou doente. Desabotoo a gola da camisa para respirar e procuro um lugar para me sentar. Minhas pernas ficam bambas quando vejo Zenturo.

BIOGRAFIAS

Grace Passô

Grace Passô é diretora, dramaturga e atriz. Estudou no Centro de Formação Artística da Fundação Clóvis Salgado, em Belo Horizonte. Foi cronista do jornal *O tempo* (MG) e atuou em companhias teatrais de Belo Horizonte, como a Armatrux e a Cia. Clara. Em 2004, se juntou ao grupo espanca! e escreveu as peças teatrais *Marcha para Zenturo, Amores surdos, Congresso Internacional do Medo* e *Por Elise*, tendo sido a diretora dos dois últimos textos. Escreveu e dirigiu *A árvore do esquecimento*, projeto do Festival de Arte Negra de Belo Horizonte. Em 2009, integrou o elenco de *France du Brésil*, espetáculo dirigido por Eva Doumbia, em Marselha, França. Dirigiu ainda *Os bem-intencionados*, do grupo Lume (SP) e *Os ancestrais*, texto de sua autoria, com o Grupo Teatro Invertido (MG).

Dentre os prêmios que recebeu, estão: Prêmio Shell SP e Troféu APCA (melhor autor, 2005); Prêmio SESC/SATED (melhor espetáculo e melhor texto, em 2005 e 2006); Prêmio Usiminas Sinparc (melhor texto e melhor atriz, 2006). Também foi indicada ao Prêmio Shell SP (melhor autor, 2009), Prêmio Qualidade Brasil (melhor texto e melhor atriz, 2008), Prêmio SESC/SATED e Prêmio Usiminas Sinparc (melhor atriz, 2004), entre outras indicações.

espanca!

Sediado em Belo Horizonte (MG), o espanca! foi fundado em 2004 e desde então concebe projetos que movem dinamicamente sua linguagem e expandem a relação do coletivo com o teatro. Com os espetáculos *Por Elise, Amores surdos* (dirigido por Rita Clemente), *Congresso Internacional do Medo, Marcha para Zenturo* (concebido em parceria com o Grupo XIX de Teatro) e *Líquido tátil* (dirigido e escrito por Daniel Veronese), o grupo criou um repertório em parceria com diversos artistas convidados. Dentre os prêmios e indicações já recebidos estão o Prêmio Shell SP, Prêmio SESC/SATED MG, Prêmio Usiminas Sinparc MG, Prêmio Qualidade Brasil e Troféu APCA. Em 2010, o grupo inaugurou o Teatro Espanca! — sua sede no centro de Belo Horizonte — espaço que além de abrigar as atividades da companhia, se abriu para projetos artísticos de diversas linguagens.

Copyright © Editora de Livros Cobogó
Copyright © Grace Passô

Editoras: ISABEL DIEGUES
         BARBARA DUVIVIER
Coordenação de Produção: MELINA BIAL
Produção Editorial: VANESSA GOUVEIA
Revisão Final: EDUARDO CARNEIRO
Projeto Gráfico, Diagramação e Capa: 45 JUJUBAS
Fotos: GUTO MUNIZ
Fotos p. 89: MARCO AURÉLIO PRATES

Nesta edição, foi respeitado o Acordo Ortográfico da Língua
Portuguesa de 1990, que entrou em vigor no Brasil em 2009.

Todos os direitos reservados à
Editora de Livros Cobogó Ltda.
Rua Jardim Botânico, 635/406
Rio de Janeiro – RJ – 22470-050
www.cobogo.com.br

Patrocínio   Realização

CIP-BRASIL. CATALOGAÇÃO-NA-FONTE
SINDICATO NACIONAL DOS EDITORES DE LIVROS, RJ

P318m

Passô, Grace, 1980-
  Marcha para Zenturo / Grace Passô. - Rio de Janeiro :
Cobogó, 2012.
            (Espanca! ; 3)

  ISBN 978-85-60965-39-7

  1. Teatro brasileiro. I. Título. II. Série.

12-7981.   CDD: 869.92
                              CDU: 821.134.3(81)-2

2012

1ª impressão

Este livro foi composto em Franklin Gothic.
Impresso pela Prol Editora Gráfica sobre
papel pólen bold para a Editora Cobogó.